LA QUESTION SCOLAIRE

ÉTUDES SOCIALES ET POLITIQUES

VIII

Dom BESSE

LA QUESTION SCOLAIRE

Nouvelle
LIBRAIRIE NATIONALE
11, rue de Médicis, PARIS (VIᵉ)
1912

La liberté d'enseignement.

La lutte scolaire, en France, est inévitable. Quand et comment s'engagera-t-elle? Je ne saurais le dire. Mais nous ne pouvons y échapper. La République ne renoncera jamais à conquérir par l'enseignement l'esprit et la volonté des enfants. Les évêques et les prêtres n'accepteront pas que l'école soit définitivement un atelier de perversion obligatoire. Ils seront soutenus par les parents chrétiens. Les choses en sont là.

Mais il serait ridicule de lutter sans espoir de vaincre. La victoire que nous voulons doit avoir un résultat précis. Il importe de le connaître dès maintenant. Comment, sans cela, former ses troupes et les entraîner? C'est un objectif nécessaire. Cet objectif ne peut être qu'un régime de l'enseignement public donnant satisfaction à tous les droits. Quel peut-il être? Cette question se pose d'elle-même. Il faut lui donner une solution acceptable. Attendre, pour le faire, l'issue de la lutte, serait se condamner à un échec honteux.

Nous avons devant nous un ennemi qui viole nos droits. Quel est notre devoir? Reprendre les droits usurpés et, s'il le faut, recourir aux violences légitimes. C'est la condition de la lutte. Mais quels sont ces droits? Les ennemis, qui nous les refusent, le demandent. Les amis, dont le concours nous est nécessaire, veulent aussi les connaître. Nous ne pouvons donner aux uns et aux autres une réponse satisfaisante, si nous ne leur mettons pas sous les yeux les éléments d'une législation de l'enseignement, acceptable pour des catholiques.

Ces éléments sont multiples. On les réunit dans une formule brève, facile à comprendre : la liberté d'enseignement. Ces deux mots peuvent aisément devenir populaires. Il serait facile de les faire accepter, comme un cri de ralliement, par tous ceux qui ont à se plaindre de l'école officielle. Mais on risque de tomber dans un écueil. Les Français se grisent aisément avec des mots; ils les croient au point de s'étourdir; on hypnotise une foule, en les chantant sur certains modes. Au milieu de l'entrain et du vacarme de son agitation, le Français néglige de comprendre. Il ne s'y refuse pas néanmoins. Il accepte avec gratitude les idées qui lui sont présentées. Il les accueille d'autant mieux que souvent son intelligence les avait en germe. On l'instruit, en l'aidant à épeler ses pensées et ses sentiments. Ce service ne peut lui être rendu que par les hommes chargés de le conduire. C'est le premier de leurs devoirs.

La liberté d'enseignement passerait par-dessus la tête de nos compatriotes, même les mieux disposés, comme les libertés les plus importantes ou les plus vulgaires, si des hommes compétents ne prenaient la peine de les instruire. Il faut leur répéter fréquemment cette leçon et la leur montrer sous tous ses aspects. Faute de quoi les efforts seront vains.

La liberté d'enseignement suppose une condition préalable : elle doit être possible, ou, si l'on préfère, elle ne doit pas être une liberté illusoire. Or, c'est ce qui arrive, toutes les fois que les citoyens, auxquels on reconnaît cette liberté, se trouvent en concurrence avec l'Etat. Par exemple, en France, l'Etat est maître d'école. Il forme les maîtres dans ses écoles normales, il leur assigne un poste, il leur verse lui-même des honoraires, il leur trace un programme, il exerce la surveillance, il fait passer les examens. Tel est le régime de toutes nos écoles officielles. Elles appartiennent à l'Etat, elles sont sa chose. La part laissée aux communes est si faible qu'il n'y a pas lieu d'en tenir compte. Avec quelles ressources l'Etat peut-il remplir toutes les charges qui lui incombent de ce fait? Ce sont des charges très lourdes. Il les solde avec le budget, c'est-à-dire avec l'argent des contribuables. Le voilà donc dans une situation des plus avantageuses, qu'il se crée lui-même et qu'il est libre d'améliorer quand bon lui semble. L'Etat est un maître d'école privilégié.

Que devient, dans ces conditions, la liberté d'enseignement? Supposez-la, ce qui n'existe point en France, dégagée de toutes les entraves administratives et imaginez son application loyale. Les citoyens qui veulent en user se trouvent réduits à leurs seules ressources. Ils ont dû commencer par fournir à l'Etat de quoi entretenir ses écoles et ses maîtres. La liberté qu'on leur laisse est illusoire. Aussi peut-on dire que, en France, il n'y a pas eu, il n'y a pas de liberté d'enseignement. Ce mot de liberté hurle de se sentir lié à une réalité pareille. Nous avons eu tort d'employer ces termes; ils sonnent faux. Ils ont fini par égarer l'opinion. Comment nous étonner, alors, si elle nous échappe et si nous sommes incapables de la ressaisir?

Le régime scolaire que la France subit est tyrannique. Il fait peser sur de nombreux citoyens des charges injustes. Les catholiques ont pu en tirer parti, j'en conviens. Ce n'est pas une raison de le réhabiliter. Notre loi scolaire est un mal moindre; mais elle est un mal. On l'appela jadis une loi scélérate. Ce nom était bien choisi.

Ce qui vient d'être dit de l'Etat est également vrai de la province ou département et de la commune. Les Belges en font l'expérience. Leurs écoles primaires appartiennent généralement aux communes. Le Conseil communal choisit les maîtres et exerce son contrôle sur le programme et la discipline. Dans la pratique, les choses se passent ainsi : les grandes villes ont presque toutes un Conseil communal, où les catholiques sont en minorité. Les libéraux et les socialistes se mettent généralement d'accord pour faire appliquer la neutralité scolaire; ils entendent par là la neutralité maçonnique. Le budget de l'enseignement pèse sur tous les contribuables; le Conseil peut bâtir, à leurs frais, des palais somptueux, créer des cantines scolaires et organiser des colonies de vacance. Si les catholiques veulent sauver l'âme des enfants, ils sont contraints de payer un nouvel impôt, celui de la charité scolaire. Leur situation est moins pénible que la nôtre, car le Gouvernement peut adopter les écoles libres et leur attribuer des secours annuels. Ils ont d'autres avantages encore. Mais je n'ai pas à en parler ici. Il me suffit de constater que tous les Belges ne trouvent pas leur régime idéal. L'autonomie communale, à laquelle ils sont très attachés, ne leur a point permis de faire mieux. Mais le mieux, jugé impossible il y a quelque vingt ans. s'impose aujourd'hui comme une nécessité impérieuse.

Les Anglais et les Hollandais connaissent ce mieux. Ils ne souffrent aucune concurrence de l'Etat ou de la Commune. L'enseignement est libre. Ceux qui le donnent se trouvent égaux aux yeux de la loi. Les familles ont moyen d'apprécier les inégalités professionnelles; ce qui amène le succès ou la décadence des écoles. L'Etat ne se désintéresse pas néanmoins de l'enseignement. Il est généreux pour les maîtres et les écoliers. Mais les allocations qu'il distribue sont toujours en raison du nombre des élèves. Aucune différence n'est faite entre les écoles. Les contribuables échappent à l'obligation d'acheter leur droit à la liberté d'enseignement en payant un second impôt.

Ce régime de saine et juste liberté ne serait-il pas possible en France? En quoi répugne-t-il à l'esprit public? Compromettrait-il le succès de nos écoles? Il répugne à quelque chose et il compromettrait certain succès. Ce serait la fin de notre Démocratie et de la République. La Démocratie et la République ne s'accommoderont jamais en France de cette liberté. Elles livrent le mot aux citoyens, qui ont toute licence de se gargariser avec; elles n'accordent jamais le droit que le mot annonce. En donnant ce droit, elles se suicideraient. Ce serait, en effet, la destruction de l'Etatisme, dans lequel elles se sont confondues.

II

L'Etatisme et l'enseignement public.

C'est par l'enseignement que les ennemis de la France chrétienne la combattent avec le plus de succès. Ils lui enlèvent ainsi chaque année des milliers d'enfants. Ils les prennent par l'esprit et par la volonté. Ces enfants, devenus hommes et citoyens, conformeront leurs actes politiques aux idées qu'on leur inculque. Ces idées sont savamment exploitées au profit de nos gouvernants. La lutte scolaire devient à leurs yeux une lutte d'intérêts. Quelques-uns peut-être obéissent à un mobile élevé, quoique pervers. Mais combien sont-ils? Ils se contentent, pour la plupart, de faire leurs affaires. Le régime les sert à souhait, il faut en convenir.

L'Etatisme, où nous ont menés la République et la Démocratie, ne peut s'accommoder de la liberté d'enseignement. Il exige que l'Etat se transforme en maître d'école. La nation, qu'il étouffe dans ses étreintes, ne peut échapper au monopole scolaire. Ses fabricants de lois, il est vrai, prennent leur temps. Pourquoi se presseraient-ils? La logique des choses se charge de réaliser leur programme, article par article. C'est que, dans leur plan, tout se tient. Le lien qui fait l'union des idées, fixe la succession des événements. C'est la force de nos ennemis; c'est aussi leur faiblesse. Pendant qu'ils poursuivent l'application de leur programme, cette logique se fait leur collaboratrice puissante. Ils lui doivent des succès extraordinaires. Elle fait aussi l'infériorité des Catholiques, qui tentent de leur résister, sans avoir la fermeté de jugement qui les pousserait à organiser une résistance de principes, c'est-à-dire une résistance radicale. C'est la seule qui puisse être efficace. Comment s'opposer, avec chance d'aboutir, au développement régulier d'une doctrine politique, lorsqu'on accepte ses idées fondamentales et les institutions, qui les transportent dans le domaine des réalités?

Des Français expérimentent, sous nos yeux, cette tactique depuis un certain nombre d'années. Ils s'opposent aux ennemis de l'Eglise, mais en acceptant ce qu'ils appellent le terrain constitutionnel. Cette acceptation, à les croire, serait presque de nécessité religieuse. Quels résultats obtiennent-ils? Leurs efforts sont persévérants et courageux; ils se donnent une organisation sage; l'argent, qui est le nerf des guerres politiques, abonde dans leurs caisses. Pour aboutir à quoi?... Ils courent après des espérances qui les fuient obstinément. Arborent-ils, au moins, devant ceux qui les écoutent, un corps de doctrine politique, un programme dont on puisse tirer quelque chose? Sont-ils capables d'élaborer une législation qui donne des garanties suffisantes à la liberté d'enseignement?

Si, par hasard, ils arrivaient à en présenter une,

dont on pût s'accommoder, et à la mettre en pratique, l'expérience en aurait vite raison. L'Etatisme, auquel leur République idéale sacrifierait, bon gré, mal gré, toutes les libertés, la viderait immédiatement des effets heureux que les imaginations lui prêtent. La logique des erreurs et la marche des institutions réduiraient toutes les espérances à rien. C'est, je le répète, la force de nos adversaires. Ceux qui se figurent les combattre travaillent avec eux et pour eux.

Cette force des idées et des choses, — car c'est d'elle qu'il s'agit au fond, — fait aussi leur faiblesse. L'erreur produira tôt ou tard ses fruits naturels; et ce seront des fruits de honte et de désordre. Ceux qui les auront semés et, à leur défaut, ceux qui auront eu l'imprudence de recevoir leur héritage, se verront condamnés à les cueillir. Rien ne les empêchera d'en savourer les amertumes. Ce sera justice. Les citoyens, honnêtes mais imprévoyants, qui auront eu le tort de les suivre, tout en croyant les combattre, en passeront par là.

Mais ce qui fait la faiblesse des tenants du système démocratique devient pour leurs adversaires résolus une force. Cette force ne manquera pas de venir se mettre d'elle-même sous leurs mains; ils n'auront qu'à se baisser pour la saisir. C'est une simple affaire de temps. Qu'ils sachent patienter, car ils ne peuvent obtenir que le temps précipite sa marche.

En attendant, qu'ils fassent tout le contraire des citoyens qui pataugent sur le terrain constitutionnel. Ils gagneront même à les ignorer. Cela leur épargnera l'ennui des discussions oiseuses. Leur force est avant tout dans leur doctrine. Ils voient où ils vont. Leurs mouvements convergent aisément à un but voulu de tous. Cette doctrine leur permet de connaître exactement les erreurs de l'ennemi, ce qui revient à dire ses fautes. Elle leur donne le seul remède aux maux que l'erreur produit fatalement : ce remède ne peut être qu'une vérité.

Aux erreurs et aux fautes commises à l'occasion de l'enseignement public, il leur est facile d'opposer une notion saine et pratique de la liberté d'enseignement. Cette liberté se place d'elle-même, sans effort, dans la réorganisation sociale et politique de la France, telle que nous la trouvons exposée sous la plume du Comte de Chambord, du Comte de Paris et du Duc d'Orléans. Leur programme ramènerait le pays à la décentralisation géographique et professionnelle; il mettrait en vigueur le droit corporatif. Dès lors, l'Etat n'absorberait plus dans ses bureaux tous les pouvoirs publics. Ces pouvoirs fonctionneraient en raison des besoins auxquels ils correspondent. Ceux qui exercent les pouvoirs resteraient en communication directe, je dirais volontiers en communion, avec leurs concitoyens, qu'ils ont à satisfaire. Ils apparaîtraient et ils seraient, ce qu'en fait ils doivent être, les serviteurs du pays. L'autorité du souverain empêcherait ces pouvoirs de se gêner les uns les autres. Il a, en effet, une noble et nécessaire fonction, qui consiste à unir ce qui doit rester distinct. Cet état de choses en France anéantirait pour toujours l'Etatisme. La France s'administrerait sous le contrôle et avec l'appui de son Roi. Le régime des libertés serait possible; on s'apercevrait même bientôt qu'il est nécessaire. La liberté d'enseignement s'organiserait vite et bien.

Que faudrait-il pour que cette liberté donnât une entière satisfaction aux intéressés? Ce sont les seuls dont il puisse être question ici. Cette liberté doit être, dans la pratique, la liberté de citoyens qui existent. Ce ne peuvent être que gens mêlés d'une façon plus ou moins directe à l'enseignement. Les autres n'ont rien à y voir. Pourquoi, dès lors, s'en occuper? La liberté d'enseignement doit reconnaître, consacrer et harmoniser leurs droits respectifs. Ils n'ont pas des droits identiques. Mais ces droits concordent malgré leur distinction. L'institution scolaire résulte de cet accord.

Les enfants sont les premiers dont il y ait à tenir compte. Leur âge les empêche d'exercer eux-mêmes leurs droits; mais on en trouve l'expression dans les devoirs des pères et des mères, qui sont leurs défenseurs naturels. Les prétentions de l'Etat à les remplacer sont inacceptables. Une bonne législation leur fournirait toutes les garanties. Les citoyens qui remplissent la fonction de maître ont, eux aussi, des droits à faire valoir. Ils forment dans la nation un corps professionnel. Unis aux représentants des familles, ils suffiraient à assurer le service de l'enseignement public.

Les maîtres et les élèves ne sont pas les seuls qui demandent à être pris en considération. Les fondateurs d'une école ou ceux qui les continuent sont susceptibles d'avoir des droits. L'Eglise est tenue d'exercer sa vigilance sur les écoles fréquentées par ses enfants. L'Etat et la Commune, dont le concours est indispensable, ne peuvent pas être mis à l'écart. Il convient de les associer, par leurs représentants, au corps des maîtres et aux délégués des familles. On aurait, avec ces éléments réunis, les pouvoirs chargés de l'enseignement public. L'Etat resterait à sa place. Les citoyens seraient tranquilles.

On n'organisera jamais la liberté d'enseignement sur ces bases nécessaires, sans manquer de respect à la Constitution, grâce à laquelle on opprime, en France, tant de libertés ou mieux tant de droits. Il faut en prendre son parti et agir en conséquence. Ceux qui se croient obligés de sacrifier à la superstition constitutionnelle se condamnent à travailler en vain. Qu'ils le fassent, si tel est leur bon plaisir. Mais qu'ils cessent d'imposer cette pauvre tactique à la conscience des chrétiens. Ils n'en ont pas le droit.

III

L'Eglise et l'enseignement.

L'Eglise ne réclame pas le monopole de l'enseignement. La fonction de maître d'école universel ne
lui conviendrait guère mieux qu'à l'Etat. Il lui suffit
de remplir la mission qu'elle tient de son Fondateur.
Je sais que l'enseignement est une de ses attributions.
Mais il ne s'agit point d'un enseignement quelconque.

Elle continue l'œuvre que Jésus-Christ a inaugurée
sur terre. Or, nous ne le voyons pas occupé en péda-
gogue auprès des enfants ou des adultes. Ses disciples n'apprennent point à son école les mathémati-
ques, ni la littérature, ni le dessin. Il leur donne la
science de Dieu et des vérités nécessaires au salut.

Cependant l'enseignement, sous ses formes les plus
variées, est compatible avec la mission de l'Eglise,
je m'empresse de le reconnaître. Ses ministres, c'est-
à-dire ses prêtres et ses religieux, peuvent s'y appliquer, sans qu'on ait à leur reprocher de s'écarter ainsi de leur fonction sainte. Les soucis de l'instruction, au lieu de les détourner de l'action religieuse qu'ils doivent exercer sur les esprits, les mettent à même de mieux les former. Mais il importe
de ne point confondre cet enseignement naturel,

qu'ils ont le droit de donner, avec l'enseignement surnaturel, dont ils ont le monopole.

La religion est l'objet d'une science. Il serait plus juste de dire qu'elle est la synthèse de plusieurs sciences. J'en nomme quelques-unes, la théologie dogmatique, la théologie morale, la philosophie, le droit ecclésiastique, l'exégèse biblique, la littérature sacrée, l'histoire ecclésiastique. Chacune d'elles a son champ délimité; elle a sa méthode. Il n'y a pas à les isoler des sciences profanes. Elles ont des rapports nécessaires. Le but et les procédés leur sont souvent communs. Les unes profitent des progrès des autres.

Cet enseignement a plusieurs degrés. Il commence avec le catéchisme élémentaire des enfants et il s'élève jusqu'aux leçons des Universités. On le donne tantôt de vive voix tantôt par écrit. Les prêtres, les religieux et les religieuses, tous gens d'Eglise, ont un titre spécial à le donner. Ils sont institués pour cela; et ils reçoivent une formation qui les y prépare. Ce n'est pas cependant une raison d'exclure les laïques. Il est dans l'ordre que l'enfant apprenne de sa mère les tout premiers éléments de la religion. L'enseignement du catéchisme ne saurait être déplacé dans une école laïque. On a vu des hommes du monde occuper des chaires dans des Facultés de sciences religieuses. Il y en a qui ont écrit avec compétence sur ces matières. Mais l'Eglise n'a jamais failli à son devoir de contrôler leur enseignement. Elle n'en demande pas davantage. Dans ces conditions, le monopole de l'enseignement religieux lui est conservé.

Il y a néanmoins des maîtres, qui prennent sur eux d'apprendre à leurs disciples une science de la religion. Les uns sont isolés; les autres appartiennent à des établissements publics. Ils ne veulent aucune dépendance à l'endroit de l'Eglise. On les voit affecter le mépris de ses décisions. Les Catholiques doivent tenir en défiance ces hommes, leur enseignement et leurs écrits, ainsi que les institutions auxquelles ils se rattachent. La religion qu'ils présentent aux intelligences n'offre aucune garantie. Ce sont des maîtres sans autorité. Tels sont les ministres protestants, les rabbins, les libres-penseurs. Il en est qui donnent dans l'Université un enseignement religieux. On devine ce qu'il peut être.

En d'autres termes, quiconque enseigne une science religieuse doit être reconnu par l'autorité ecclésiastique. Le droit de l'Eglise va plus loin encore. J'ai dit que les sciences, que l'on peut appeler naturelles, ont avec les sciences religieuses des relations étroites. Ceux qui les enseignent sont tenus de ne rien avancer qui soit contraire à la doctrine catholique. L'Eglise se trouve dans l'obligation d'exercer ici un contrôle. Car ces sciences entrent accidentellement sur son domaine. Aucune autorité ne peut l'en dispenser. J'ajoute qu'il n'est au pouvoir de personne de l'entraver dans l'exercice de cette fonction. L'Etat est tenu de le lui rendre facile, ou, tout au moins, possible. On voit l'imprudence de ceux qui préconisent le système trompeur de la Séparation de l'Eglise et de l'Etat. L'Eglise séparée de l'Etat ne peut plus remplir sa mission. C'est au détriment des âmes. Il lui est donc impossible de s'accommoder d'un régime politique incompatible avec son droit de contrôler l'enseignement donné à ses enfants.

Pour qu'il n'y ait aucun malentendu, j'insiste sur ces mots *l'enseignement donné à ses enfants*. Les autres ne lui appartiennent pas en fait. Le premier Concordat venu saurait lui garantir ce droit. Nous en avons fait l'expérience. Il lui faut une constitution politique lui donnant toutes ses libertés, à la charge de les accorder dans la pratique avec les libertés des individus, des familles et des groupes sociaux existants dans le pays. Voilà ce que la France n'aura jamais, aussi longtemps qu'elle sera exposée aux tyrannies de l'Etatisme démocratique et, plus particulièrement, aux empiétements de l'Université.

Je ne dis rien des droits de l'Eglise sur l'éducation de ses enfants.

Le respect de tous ces droits sur l'enseignement religieux ne constitue pas une liberté suffisante. Il pourrait s'accorder aisément, dans un pays chrétien, avec le monopole universitaire. Certains catholiques ne tarderaient guère à déclarer ce système avantageux. Il mettrait, en effet, toutes les forces de l'Etat maître d'école au service de la religion. Ce serait, j'en conviens, très économique. On aurait le budget pour faire face à tout. La religion bénéficierait du patronage administratif. Mais ces profits et d'autres encore ne sauraient rendre l'Etatisme acceptable. Mieux vaut cent fois un régime de franches libertés. A sa faveur, tous ceux qui auront les aptitudes requises pourront enseigner. Ils n'auront à subir le contrôle que des ayants droits.

Or, qui a des aptitudes comparables à celles des hommes d'Eglise? Je ne parle pas bien entendu de l'enseignement des sciences et des arts professionnels, qui demandent des maîtres spéciaux. Il ne peut être question que de l'enseignement commun, primaire ou secondaire, et de certaines branches de l'enseignement supérieur. Les prêtres, les religieux et les religieuses ont fait leurs preuves. On les trouve à chaque page de l'histoire de l'instruction publique en France.

L'instruction a été, durant des siècles, donnée au nom et aux frais de l'Eglise. Les moines et les clercs furent seuls à enseigner les sept arts libéraux de la Grèce et de Rome dans les écoles épiscopales et monastiques du moyen âge. L'enseignement primaire fut organisé à l'ombre du clocher des paroisses jusqu'au moment de la Révolution. Les grandes écoles, qui précédèrent les universités furent ouvertes auprès des évêchés et des abbayes. Ces universités sont toutes de création ecclésiastique. Il faut en dire autant des collèges du seizième et du dix-septième siècle. On fonda des Ordres religieux voués d'une manière toute spéciale à l'enseignement. Ils furent nombreux pendant les deux siècles qui précédèrent la Révolution. On les a vus se multiplier extraordinairement au dix-neuvième.

L'Eglise eut, en quelque sorte, le monopole de l'enseignement public dans l'ancienne France. Elle ne s'en est pas trop mal tirée. Notre pays lui est redevable d'une culture intellectuelle qui lui fait grand honneur. C'en est assez pour consacrer ses droits. Mais allez parler des droits acquis aux théoriciens de notre Démocratie révolutionnaire... Ces barbares ne comprendront rien à votre langage.

L'Eglise ne songe cependant pas à réclamer même l'ombre d'un monopole. Thiers aurait voulu la voir se charger de l'enseignement primaire, en 1848. Elle refusa; et ce fut avec raison. Il suffit que ses clercs et ses religieuses ne soient point exclus des libertés octroyées aux citoyens et, de ce chef, rejetés du corps enseignant. Ils en sont des membres d'élite.

Au mépris des droits historiques et des intérêts du pays, on veut cependant refuser aux prêtres et aux religieux la liberté d'enseigner. C'est une conséquence inévitable de la Séparation. La mise hors la loi de l'Eglise suit son cours.

Dans les lois qui se préparent, comme dans la loi sur les associations, nos législateurs sont dominés par une haine aveugle. Ils veulent en finir avec l'Eglise catholique. Mais cette passion sauvage les jette dans des aventures, dont ils ne voient pas l'issue. Pour refuser une liberté aux hommes d'Eglise, ils sont acculés à la nécessité impérieuse de supprimer d'autres libertés. Ces suppressions ne suppriment pas les besoins auxquels ces libertés correspondent. Et ces besoins provoquent des résistances. Elles sont inévitables. La République a su

les isoler les unes des autres. Ce jeu aura une fin,
car elles sont liées entre elles. Il suffit d'une circonstance et d'efforts persévérants pour rendre leurs
liens sensibles et les resserrer. Les haines de la République se chargent de stimuler ceux qui se livrent aux efforts. La circonstance ne saurait leur
manquer. Et, le jour où toutes les résistances se
coordonneront spontanément, l'Eglise et la France
seront sauvées.

IV

L'école gratuite.

En Belgique et en France, les Maçons livrèrent assaut à l'école publique d'un commun accord. Leur but était manifeste; ils voulaient imposer au pays les idées et les sentiments de leur secte. En gens économes, ils résolurent de le faire sans bourse délier. Les deniers publics devaient être employés par eux à cette besogne. Il fallait, pour cela, mettre la main sur l'enseignement officiel et sur les ressources inépuisables du budget. Leur tentative échoua chez les Belges; elle a pleinement réussi en France.

Les Maçons ont opéré à la manière des sociétés secrètes. Ils déclaraient très haut poursuivre un but; leurs discours et leurs actes convergeaient à cette fin; on pouvait les croire sincères. Ils ne l'étaient pas. Pendant que l'opinion s'attachait à eux, ils préparaient autre chose. Leurs discours et leurs actes détournaient l'attention publique de leur œuvre réelle. Ils parlaient de gratuité et d'obligation en termes parfois élevés et généreux. La neutralité, telle qu'ils la présentaient, n'avait rien d'effrayant pour la masse des électeurs. On les a crus. Des hommes clairvoyants se rendirent compte du danger que ca-

chaient leurs manœuvres habiles. Ils le dénoncèrent.
Ils eurent la confiance d'une minorité de braves
gens. La majorité, imbécile comme de coutume, les
laissa dire et suivit les Maçons.

Les Catholiques, dociles à la voix de leurs évêques, comprirent le sens vrai du mot neutralité. Ils
ne furent pas dupes. La gratuité et l'obligation leur
répugnaient moins. Beaucoup s'en accommodèrent,
trouvant ces prétentions à peu près raisonnables.
Il n'y eut rien à dire de l'obligation, lorsqu'on or-
ganisa l'enseignement libre. Mais, sans se prononcer
sur les motifs philosophiques ou politiques de la
gratuité, on l'adopta dans toutes les écoles primaires
que les Catholiques eurent à fonder. Cela semblait
une condition indispensable de la lutte contre l'enseignement officiel. Il s'agissait de soustraire les enfants à l'influence de maîtres souvent incrédules et
de manuels rédigés fréquemment par des hommes
étrangers, pour ne pas dire hostiles, à toute doctrine religieuse. Or, les écoles publiques se trouvaient
gratuites. C'était pour les familles une condition allé-
chante. Les Catholiques durent mettre leurs écoles
sur le même pied. Elles purent, dans ces conditions,
affronter la concurrence avec chance de succès. Les
élèves ne leur ont pas manqué. S'il suffisait d'avoir
le nombre pour réussir, on aurait pu s'attendre à une
victoire complète dans beaucoup de villes et de vil-
lages. On a, de fait, crié souvent victoire. Mais n'a-
t-on pas pris ses désirs pour des réalités? Il est même
permis de se demander si les résultats obtenus, tout
importants qu'ils soient, ne sont pas bien faibles.

quand on les compare aux sommes d'argent dépensées et aux efforts accomplis.

Des hommes, ayant qualité pour le faire, ont critiqué la manière dont cette question de l'enseignement libre a été comprise et résolue en France. Leurs critiques ne sont pas toutes également fondées. Mais il en est qui ont reçu de l'expérience une certaine vérification. Par exemple, la gratuité scolaire n'a pas été à l'abri de tout reproche. On l'a, de fait, trop généralisée. Qu'en est-il résulté?

Dans les villes, les écoles catholiques ont surtout été envahies par les enfants de familles pauvres, qui avaient besoin de donner cette satisfaction aux prêtres et aux hommes d'œuvres dont les secours leur étaient indispensables. Les commerçants et les ouvriers à l'aise, ou les petits patrons, qui forment la classe moyenne et la petite bourgeoisie, n'ont pas voulu confondre avec eux leurs enfants. Ils les ont envoyés de préférence aux écoles primaires supérieures fondées par le gouvernement. Des familles influentes ont ainsi échappé à l'action de l'Eglise. La gratuité n'était pas faite pour elles. On a pu fonder, à Paris et dans d'autres villes, des écoles destinées à cette classe de la société. On s'en est bien trouvé. Il eût été possible d'en ouvrir un nombre beaucoup plus grand, si on ne s'était pas mis, dès l'origine, sur le pied de la gratuité complète.

Les familles chrétiennes, à la campagne comme à la ville, eussent volontiers fait le sacrifice d'une faible rétribution scolaire. Les bienfaiteurs, qui subvenaient aux frais généraux de l'école, auraient donné

aux parents pauvres les moyens de la payer. Ce
système aurait fait perdre un certain nombre d'élèves, j'en conviens; mais on aurait gagné, et au delà.
en qualité ce que l'on perdait en quantité. Les maîtres auraient eu des enfants mieux choisis. Les parents ne s'en seraient pas désintéressés, comme ils le
font trop fréquemment.

Car la gratuité, érigée en principe, semble les af-
franchir de toute responsabilité personnelle. Tous
les soins de l'éducation et de l'instruction incombent à l'instituteur et à l'institutrice. Dans l'école
officielle, le mandat leur vient de l'administration
toute-puissante; c'est elle seule qui exerce son contrôle. A l'école libre, le mandat et le contrôle viennent du curé et des bienfaiteurs. On ne voit pas le
rôle du père et de la mère.

Il en irait autrement, s'ils payaient une rétribution.
Le maître et la maîtresse leur apparaîtraient, ce
qu'ils devraient être, leurs délégués. Ils se désinté-
resseraient moins de leurs enfants. L'éducateur religieux aurait alors ce concours de la famille sans
lequel son œuvre est presque toujours éphémère. Les
Catholiques eussent perdu moins de temps, moins
d'argent et aussi moins d'enfants. On verra peut-être
bientôt une conséquence plus funeste encore de l'in-
différence paternelle. La persécution, en s'aggravant,
va fermer les écoles catholiques; leur nombre dimi-
nue chaque année déjà. Les pères et mères chrétiens auront le devoir de surveiller l'enseignement des
maîtres. Comment obtenir qu'ils se mettent à l'ac-

complir, après les en avoir si longtemps dispensés, au moins dans la pratique?

Ce n'est pas tout.

La gratuité parut d'abord tout à l'avantage du citoyen. Les Maçons procèdent généralement ainsi. Mais les commodités qu'ils offrent, en les vantant, ne sont qu'un leurre.

La gratuité n'est qu'une fiction. L'Etat prend, sous la forme de l'impôt, dans la poche des citoyens, la rétribution scolaire, dont il prétend les dispenser. On sait ce que l'enseignement primaire a coûté et coûte encore à la nation, c'est-à-dire aux contribuables. Mais quelle réalité la fiction dérobe-t-elle à nos yeux?

Elle cache une prétention monstrueuse de l'Etat, la plus monstrueuse de ses prétentions. En feignant de prendre à sa charge tous les frais scolaires, il paraît faire acte de générosité et il commet une usurpation révoltante. L'abus de confiance, dont il se rend coupable, aggrave sa forfaiture. Il laisse au père le soin de nourrir son enfant et de le mettre à même de gagner un jour son pain, en exerçant un métier; mais il se charge de lui donner ses idées et ses sentiments à lui, Etat souverain. L'intelligence de l'enfant ne reçoit que les idées approuvées ou tolérées par le ministre de l'Etat; son cœur ne s'ouvre qu'aux sentiments bénéficiant de cette approbation ou de cette tolérance. L'Etat se substitue donc au père et à la mère dans l'accomplissement du plus sacré de leurs devoirs.

La République ne permet plus à l'Eglise et à la famille de remplir, auprès des enfants et des adolescents, le rôle que Dieu leur a confié. Elle se l'est attribué. Comme elle est incapable de s'en acquitter, il en résulte que les enfants entrent dans la société sans avoir reçu la préparation qui leur est nécessaire. La République croit avoir lieu de s'en féliciter; car la domination qu'elle prétend exercer se heurte à moins d'obstacles. Qu'elle prenne garde; elle sème l'anarchie, elle moissonnera la révolte.

V

La neutralité scolaire.

La neutralité est un mythe. Des cerveaux de philosophes, fonctionnant à vide, le conçoivent et leur imagination le caresse. La réalité n'en veut pas. Quelques originaux ont pu, en certaines circonstances, courir sincèrement à sa réalisation. La majorité des hommes en est incapable. Leur nature y répugne. Cette neutralité métaphysique n'est qu'un mot, auquel rien ne correspond dans la vie. Personne n'y croit; ceux qui en parlent, moins que les autres.

Elle n'existe, en fait, nulle part. Son nom est prononcé dans les écoles, il est inscrit sur les feuillets des manuels; mais il ne signifie rien. Pourquoi donc se donner la peine de réclamer cette chose rebelle à l'existence? Les ligues fondées pour défendre la neutralité scolaire n'ont aucune raison d'être.

Elles en ont une cependant. Il est nécessaire et urgent de les créer. On n'en aura jamais assez pour répondre aux besoins qui les motivent. Mais les termes dont on se sert ne désignent pas leur but réel. Ce sont des termes malheureux, empruntés au vocabulaire de l'ennemi. Les auteurs de pareils emprunts font le jeu de l'adversaire et ils ne s'en doutent pas.

On peut servir un ennemi à son insu. Cela se voit dans toutes les luttes politiques ou militaires. Tant pis pour qui tombe dans les pièges qui lui sont tendus. La neutralité est un de ces pièges habilement disposés par les persécuteurs de l'Eglise.

Pourquoi ne point user d'un nom véritable? Ce nom sort de ce qui se passe dans la plupart des écoles primaires. On y enseigne des doctrines fausses et immorales. Les législateurs qui ont volé la loi sur l'enseignement laïque le voulaient antichrétien. Il suffit de relire les déclarations de Jules Ferry, de Paul Bert et de Goblet, pour s'en convaincre. L'illusion fut impossible au début. Les ambitions de ces néo-jacobins ont été dépassées, et de beaucoup, par les instituteurs pénétrés de leur esprit. L'enseignement public est athée, ses manuels fourmillent d'erreurs grossières et révoltantes. Les commentaires personnels du maître renchérissent encore sur le contenu des livres. La presse en a fourni des preuves multiples. Tout le monde sait, en France, que l'Eglise, ses croyances et ses pratiques, que l'histoire du Pays, ses Rois et ses institutions, sont odieusement caricaturés dans un très grand nombre d'écoles. On y enseigne aux enfants l'irréligion et la haine de tout ce qui a fait la grandeur nationale.

Tout cela est voulu. L'instituteur exécute des ordres. Son programme lui vient de haut. Il commence par soustraire l'esprit et la volonté de ses élèves à l'action des doctrines, des sentiments et des coutumes de la France catholique. C'est un legs de l'ancien régime. La France nouvelle, la France républi-

caine et démocratique n'en veut à aucun prix. L'école
publique a pour but de façonner les cerveaux des
futurs citoyens de telle sorte que ses aspirations
et son idéal s'y trouvent à l'aise. On y infuse à
l'enfant une mentalité toute matérialiste. Le culte
de l'Etat tient lieu de religion. Le respect du fonctionnaire remplace l'amour de l'Eglise et la confiance dans ses ministres. Dieu devient l'Humanité.
Le paradis descend sur terre pour se réaliser dans
le socialisme. Des habitudes invétérées ne permet-
tent pas encore de bouleverser la morale. Mais cela
viendra; c'est affaire de temps. On commence par la
détruire dans ses principes fondamentaux. Les rêves
philosophiques qu'on lui offre pour base ne résis-
tent pas à l'examen de l'esprit et au souffle des passions.

L'école neutre, l'école officielle est mauvaise. Elle
est inacceptable. Il faut la combattre à front décou-
vert. Il n'y a pas à craindre de la présenter telle
qu'elle est et de l'appeler par son nom. Elle est un
mal. Elle le restera aussi longtemps que Dieu en sera
banni.

On objecte le nom sacré de la loi. C'est, en effet,
la loi qui prescrit la neutralité scolaire. Mais la loi
est impuissante à changer la nature des choses. L'école neutre ou athée est mauvaise, avec la loi comme
en dehors d'elle. La loi qui l'impose est, par ce fait,
immorale. La majesté du Parlement la consacre; les
tribunaux la couvrent de leur protection; la force
publique est prête à sévir contre ceux qui porteraient
atteinte à ses droits. Eh bien! malgré toutes ces

consécrations officielles, elle reste immorale et mauvaise. On l'a dit très haut, lorsqu'elle fut discutée et votée. Le temps a vérifié les motifs qui dictaient les condamnations prononcées alors. On ne se crut pas en mesure de donner à ces jugements la sanction qu'ils comportaient. L'école mauvaise a poursuivi son œuvre. Mais les condamnations de jadis restent; il n'y a pas à les renouveler. Elles attendent toujours leur sanction. L'aurons-nous enfin?

Les Eglises de France sont soumises à une épreuve inquiétante. On a craint pour l'existence matérielle du clergé et des institutions nécessaires au maintien de la vie ecclésiastique. Le danger n'est point là. Les richesses ont fréquemment nui à l'Eglise; elle s'est presque toujours rajeunie au sein de la misère et de la tribulation. Il en est qui gémissent sur l'absence d'un statut légal. Nos Eglises s'en passent depuis plusieurs années; elles s'en passeront longtemps encore. Le péril est ailleurs.

Les âmes se perdent. La foi disparaît. Les mœurs se corrompent. Or, l'Eglise a pour mission de conserver les mœurs pures, de garder et de propager la foi et, par ce moyen, de sauver les âmes. Le gouvernement de la République déploie contre elle les puissances dont il dispose. Il fait de quelques-unes de nos institutions nationales des moyens puissants de propagande antichrétienne. Les écoles s'emparent de l'enfant pour le soumettre à une série d'opérations qui en font un athée. L'œuvre de destruction commence par là.

VI

Contre la neutralité scolaire.

La neutralité scolaire est inacceptable pour des Catholiques. C'est les leurrer que de les engager à s'en accommoder. Si elle est inacceptable, ils sont tenus de la combattre par tous les moyens légitimes.

Cette lutte suppose une tactique. Il appartient aux chefs religieux des Catholiques, c'est-à-dire aux évêques, de la leur tracer. On ne peut s'attendre à ce qu'ils la fixent avec un absolutisme trop rigoureux. Cette lutte contre une loi mauvaise doit être engagée dans des circonstances déterminées et avec des hommes dont les situations et les qualités doivent être prises en considération. L'important est de commencer, d'agir avec ensemble et de tendre au même but.

Il y a tout d'abord une lutte doctrinale, qui doit être menée avec une rigueur inflexible. Elle consiste à affirmer, envers et contre tout, les principes naturels et surnaturels sur lesquels doit reposer toute législation de l'enseignement public. Ces vérités sont de tous les temps. On ne saurait les inculquer à nos contemporains avec trop d'insistance. Il faut recourir pour cela à tous les moyens d'agir sur l'opinion, en se souvenant que l'erreur finit toujours par céder devant l'affirmation de la vérité, surtout quand cette vérité est mise en pleine lumière. Ce procédé réussit mieux que la réfutation point par point des sophismes dont l'erreur s'enveloppe. Dans ce domaine des idées, la franchise devient indispensable. Elle seule mène au succès. Les ménagements sont plus qu'inutiles; ils ralentissent la marche en avant.

Tous, prêtres et laïques, peuvent et doivent prendre part à cette campagne d'idées. Elle doit précéder la lutte directe. La tactique qu'il conviendra de suivre dans la résistance et dans l'attaque n'aura qu'une importance secondaire, si les esprits sont tous soumis généreusement à la discipline de la vérité. La vérité, connue et aimée, unit les intelligences et les cœurs. Elle a pour effet naturel l'ensemble dans l'action. Par elle, l'action converge simplement à un but unique, qui est le triomphe de la vérité elle-même. Ce serait perdre son temps que d'agir d'une autre façon. Les vastes et savantes organisations ne serviraient de rien. L'argent, que ne manqueraient pas de fournir les personnes charitables, se dépenserait en pure perte.

Il faut donc, avant tout, éclairer les intelligences.

S'il s'agissait d'une loi récemment votée, toute hésitation serait impossible. La résistance s'imposerait. Ce devrait être une résistance ferme et intelligente, capable de faire échouer l'œuvre du législateur impie. Les Catholiques belges nous ont montré par leur exemple comment on remporte la victoire. Ce qui s'est passé en France, depuis trente ans, confirme cette suggestive leçon de choses. C'est, au reste, la tactique adoptée par le Souverain Pontife, après le vote de la loi de Séparation.

Mais nous n'avons pas affaire à une loi récente. On l'applique depuis un quart de siècle. Elle a eu le temps de passer dans les habitudes du pays. On pouvait, grâce aux écoles libres, soustraire un grand nombre d'enfants à ses conséquences funestes. Mais ces écoles diminuent d'année en année. On entrevoit le moment où elles auront presque disparu des campagnes et des petites villes.

Les évêques nous tracent la tactique à suivre dès le début. Il n'y a pas 'à hésiter. Une obéissance généreuse leur est due. Ils s'inspirent de la méthode suivie par les Francs-Maçons, lorsqu'ils ont entrepris de rendre populaire la neutralité. On les vit cacher soigneusement leur dessein. La neutralité ne prenait pas le sens philosophique et immoral qu'elle avait sur les lèvres et sous la plume de leurs théoriciens. Elle apparaissait comme un témoignage du respect que demandaient les convictions d'autrui. Le prêtre et les chefs de famille pourraient, tout à leur aise, donner l'instruction et l'éducation religieuse aux enfants. Il n'y aurait rien dans l'enseignement des maîtres qui pût les gêner.

L'expérience a montré ce qu'il fallait penser de ces promesses alléchantes. La neutralité est devenue, dans la pratique, ce qu'elle devait, ce qu'elle pouvait être. Son sens philosophique a prévalu sur les ménagements dont on feignait de l'envelopper. Le sens étymologique du mot semblait les autoriser. C'est à ce dernier sens que les évêques prétendent ramener l'application de la loi. Toute école où cette neutralité serait observée pourrait être fréquentée par les enfants catholiques. Un interdit rigoureux pèserait sur les autres. Les parents qui passeraient outre commettraient une faute grave. Il y aurait pour eux et pour leurs enfants une sanction d'ordre spirituel, que chaque évêque fixerait pour son diocèse.

Une distinction se fera donc entre les écoles officielles. Il n'y aura pas lieu d'en appeler quelques-unes bonnes; la neutralité, même atténuée, ne permet point de leur donner ce qualificatif. Les unes seront tolérables; leur fréquentation restera permise. Les autres seront absolument mauvaises; il sera défendu aux pères et mères de famille d'y envoyer leurs enfants. On les distinguera sans peine. Il n'y aura qu'à examiner l'enseignement qu'on y donne. Les enfants le trouvent dans les livres qui sont entre leurs mains et ils le reçoivent de la bouche de l'instituteur. Les livres dont la lecture est préjudiciable à une âme chrétienne pour un motif quelconque sont défendus. L'évêque doit les dénoncer, après un examen consciencieux. Il lui suffira d'interdire la fréquentation des écoles où l'on s'obstine à les mettre entre les mains des élèves.

L'enseignement oral du professeur peut être aussi dangereux que la lecture des manuels. Mais il est plus difficile d'en saisir la malice sur le fait. Ce n'est pourtant pas chose impossible. Une enquête sérieuse permet à l'évêque de se renseigner et, par conséquent, de se prononcer. C'est, en somme, sur lui que pèse toute la responsabilité de cette lutte contre l'école malfaisante. L'issue dépend de l'intelligence et du courage avec lesquels il l'assumera. Un évêque, qui aura la force morale et la prudence nécessaires, deviendra, par le fait, le chef des familles catholiques de son diocèse. Le diocèse redeviendra très vite une unité active et puissante. Les résultats de cette union ne tarderont pas à se faire sentir. Mais si, pour une raison ou pour une autre, l'évêque hésite et recule, nul ne pourra prendre sa place; les organisations les plus savantes fonctionneront à vide et pour rien; on barbotera en anarchie, comme par le passé.

Quelques-uns pensent que l'on réussira par ce moyen à faire respecter la neutralité et à sauver l'âme des enfants. Cette illusion provient d'une naïveté incurable. Non, non; le monstre-Etat ne lâchera jamais sa proie que de force. A la résistance des Catholiques, il opposera les violences administratives, en attendant les violences légales. On doit être résolu à tout, sauf à se laisser vaincre.

Les évêques ont besoin de sentir toutes les forces vives de leurs diocèses groupées autour d'eux. Le prestige de leur autorité religieuse ne suffit pas pour opérer ce groupement et le rendre impénétrable aux divisions. La confiance de tous les diocésains leur est nécessaire. Aussi, ceux qui s'efforcent de les faire sortir du champ d'action qui est le leur, et de se servir de leur puissance religieuse pour opérer l'union sociale ou politique des Français, leur tendent-ils des pièges dangereux, quoique très habilement dissimulés.

Il n'est pas dans la mission de l'Eglise de doter un pays de l'unité sociale ou politique. Elle peut contribuer à rendre ce service; elle le fait nécessairement, en poursuivant son œuvre surnaturelle. L'union, qu'elle opère au plus intime des âmes passe d'elle-même dans les manifestations de la vie extérieure. Mais qu'on ne la mêle pas imprudemment aux passions de l'action politique ou sociale. On le ferait, en prenant pour une inaptitude à l'action religieuse la fidélité d'un catholique à une doctrine politique. Nous n'avons pas assez de forces pour les gaspiller ainsi.

VII

La famille éducatrice.

La France est en démocratie. Son Gouvernement
doit la représenter. Il s'inspire, dit-on, de ses idées 'et
de ses sentiments. Mais cette prétention n'a rien de
commun avec la réalité. Une multitude de Français
pensent et veulent tout autre chose que les hommes
préposés aux affaires du pays. Personne ne s'en
cache. Les pouvoirs publics le reconnaissent. Ils ne
renoncent pas cependant à leurs prétentions. La doctrine démocratique le leur interdit.

Ils n'ont qu'à imposer leurs idées et leurs sentiments au pays. On aura, du moins, l'accord. Ce
sera un accord forcé. Mais qu'importe? On ne dis-
cute pas avec les nécessités. C'en est une, en effet.
Les hommes n'y peuvent rien. Ils la subissent. Cette
nécessité entre d'elle-même dans leur doctrine politique. Elle détermine plusieurs de ses articles es-
sentiels. Tout ce qui va à son encontre doit disparaître ou être tenu à l'écart.

Les organes sociaux dans lesquels entrent spontanément les citoyens pour remplir leurs fonctions
s'effacent devant l'Etat, du moment où leur influence peut s'exercer sur les volontés et sur les es-

prits. C'est, en particulier, le cas de la famille, de l'Eglise et des corps enseignants. Leurs idées et leurs sentiments risqueraient de se heurter aux idées et aux sentiments de l'Etat démocratique. Il leur sera interdit de les inculquer aux enfants et aux jeunes gens. L'Etat leur refusera la possibilité d'éduquer et d'instruire, pour s'en attribuer le monopole. Afin de mieux réussir, il présentera les applications de cette nécessité comme les conséquences inévitables de sa doctrine sur la nature de la société et les attributions du pouvoir. Ses philosophes à gages sauront lui confectionner les systèmes dont il aura besoin pour les autoriser.

Nos Etatistes voient dans l'enfant un être ayant la plénitude de ses droits. L'Etat intervient pour lui en garantir la possession. Le père et la mère peuvent le nourrir. Mais ils n'ont pas à lui inculquer des pensées et des sentiments susceptibles de le gêner plus tard. Ils le gêneraient, sans aucun doute, s'ils n'étaient pas en pleine conformité avec les pensées et les sentiments de l'Etat.

La nature et, avec elle, le bon sens public se révolteraient contre ces prétentions de l'Etat, si elles se manifestaient avec trop de brutalité. La tyrannie, même philosophique, ne franchit pas impunément certaines limites. Nos Etatistes démocrates le savent bien. Aussi usent-ils de détours. Leur art consiste principalement à se donner en tout comme les serviteurs d'une idée. Ils appliquent logiquement un système. Le Français, abêti par un siècle de démocratie, s'incline devant ce mandarinat.

La famille semble, de prime abord, entourée d'é-
gards; il n'est porté aucune atteinte à ses droits.
L'action gouvernementale se porte de préférence sur
les auxiliaires dont elle ne peut se passer. Le père
et la mère sont presque toujours incapables de
vaquer directement aux soins multiples de l'éducation et de l'instruction. Le concours de l'Eglise leur
est acquis. La conscience leur fait un devoir, s'ils
sont chrétiens, de se reposer sur ses ministres de la
formation morale des enfants. L'enseignement du
catéchisme, la fréquentation des sacrements et les
habitudes pieuses, leur sont indispencables. Mais les
prêtres n'ont pas à répondre à tous les besoins de
l'éducation et de l'instruction. Des individus, ayant
les aptitudes requises, se mettent pour cela au service des parents. Quelques-uns restent isolés; la plupart se constituent en groupe. Il appartient au père
et à la mère de confier leurs enfants à ceux qui
leur présentent le plus de garanties. La rémunéra-
tion qu'ils donnent aux maîtres leur fournit de quoi
vivre et se procurer pour eux et pour les leurs, avec
un bien-être légitime, les avantages de la propriété.
L'initiative privée, aidée par l'Eglise et guidée par
elle, a pu organiser jadis l'instruction publique en
France. Elle suffit encore dans des nations pros-
pères et cultivées, telle que l'Angleterre et les Etats-
Unis.

Cette liberté fait peur à la démocratie française.
La démocratie étatiste ne veut reconnaître aucun
droit aux familles et aux maîtres, en matière d'é-
ducation et d'instruction, parce que ces droits gêne-

raient la libre communication de ses idées et de ses
sentiments à l'enfance et à la jeunesse. Elle sup-
prime donc peu à peu les auxiliaires des parents
pour se mettre elle-même en leur lieu et place. Cela
se fait par le monopole de l'enseignement. L'enfant
sera dès lors remis, non à un maître honoré, parce
qu'il est librement choisi, mais à un fonctionnaire,
auquel on ne saurait échapper. Le maître est l'exé-
cuteur aveugle de l'Etat qui le paie et le surveille;
il n'est plus le collaborateur des parents. Il pétrit
l'âme de ses élèves avec les doctrines et les pratiques de l'enseignement officiel; il les refait sur le
type idéal qui a cours en démocratie.

En somme, l'esprit et le cœur des enfants sont
ravis à la famille, pour être livrés, sans réserve,
à l'Etat.

Les choses ne se passent pas encore ainsi. La
France conserve quelques libertés d'enseignement. On
les mutile de toutes façons, sans néanmoins les supprimer. Les familles en usent de leur mieux. Mais
combien de temps cela va-t-il durer? Les plus optimistes ne se font aucune illusion.

Cependant il est un droit contre lequel tous les
pouvoirs publics sont impuissants. Le foyer domestique est inviolable. Le père et la mère y règnent en
maîtres. Le foyer est ce qu'ils le font. Il importe de
le rendre aussi chrétien que possible. D'autant plus
que la vie chrétienne a déserté un grand nombre
d'écoles et qu'on cherche à fermer celles où on
réussit à la maintenir. Les parents ont trop compté
peut-être sur les facilités qu'ils rencontraient au-

tour d'eux. L'action du maître n'a jamais suffi pour faire un homme et un chrétien. Il complète l'œuvre des parents; il n'est pas en son pouvoir de les remplacer. Certaines idées n'entrent dans l'intelligence de l'enfant et du jeune homme et la notion de certains devoirs ne pénètre dans sa vie que si elles lui viennent d'un père ou d'une mère. L'enseignement oral ne saurait suffire. L'éloquence des exemples continus est indispensable. Il faut quelque chose encore.

La pratique des plus nobles vertus n'est pas forcément contagieuse. Elle requiert des conditions pour avoir sur le cœur de l'enfant et de l'adolescent ses heureux effets. La plus importante est, sans contredit, l'union des âmes au foyer domestique. On la nomme, dans le langage chrétien, la paix. La paix sereine est nécessaire à la famille. Elle produit les joies pures que rien ne trouble. Elle rend acceptables, aimables même, toutes les épreuves. Par elle, l'homme et la femme dominent la richesse avec ses entraînements, la gloire avec ses séductions, la pauvreté avec ses angoisses. La fortune et l'infortune ne sauraient la compromettre.

Cette paix ressemble à la sainteté. Elle en est, du reste, la parure. Elle est comme tissée de toutes les vertus. L'amour, poussé jusqu'au sacrifice joyeux, est sa ferme garantie. Elle embaume, elle embellit le foyer, ou plutôt, grâce à elle, le foyer apparaît ce que vraiment il doit être. Tout y est dans l'ordre. L'enfant se modèle sur ce qu'il voit, sur ce qu'il entend. La jeune plante a trouvé, pour naître et se développer, le sol, la lumière, l'atmosphère, la chaleur, qui lui convenaient.

Ces foyers sont les chefs-d'œuvre de l'Eglise catholique. Ses efforts devraient tendre à les former, à les entretenir, à les multiplier. Les natures d'élite y trouveraient un refuge assuré. C'est dans ces milieux que se formeraient les Saints dont notre société corrompue a un si grand besoin.

VIII

Les conseils de pères de famille.

Les Catholiques, qui ont à cœur le salut éternel de leurs enfants, s'organisent pour les protéger contre l'enseignement donné dans les écoles neutres. Ils remplissent, en le faisant, une obligation.

Les Comités qu'ils forment répondent au besoin du moment. Ils joueront un rôle dans nos luttes religieuses. Cependant la résistance à la neutralité scolaire n'épuisera point toute leur raison d'être. L'expérience se chargera de montrer les services que l'on peut en attendre. Une fois de plus, les hommes auront fait un grand acte de sagesse politique en se ployant à une nécessité. Combien d'institutions religieuses, politiques et sociales n'ont pas eu d'autre origine? Les circonstances les ont rendues nécessaires. Le temps est venu, à son tour, leur apporter son témoignage. Elles répondent à une loi de la Providence. Dès lors, tout, même ce qui semble devoir l'arrêter, concourt à leur développement.

Les pères de famille, qui se groupent pour protéger la foi de leurs enfants, comblent, sans s'en douter, une lacune de notre organisation scolaire.

Les enfants, réunis dans l'édifice qui leur est destiné, et le maître qui les instruit, voilà ce qui constitue l'école primaire. Ce n'est pas assez.

Les subsides et la direction qui viennent de l'Etat ne sauraient suffire. Ils affirment seulement son omnipotence. Les enfants sont placés sous sa main toute-puissante. L'instituteur n'est que l'instrument de ses volontés et le canal par où passent ses idées. L'école forme l'enfant à l'image de l'Etat. C'est inévitable, avec le fonctionnement actuel de nos écoles. L'enfant est en présence de l'Etat; à l'école, nul autre n'est accepté. Comment échapperait-il à cette domination? Cherchez un moyen de l'y soustraire; vous ne le trouverez pas, aussi longtemps que les choses resteront ce que nous les voyons aujourd'hui. L'enfant est une victime de l'organisation scolaire.

L'école primaire a une lacune. Et cette lacune est voulue du législateur.

La famille est tenue systématiquement à l'écart. Le père a bien la possibilité de s'entretenir avec le maître et de lui communiquer ses pensées et ses impressions. Ce n'est pas assez pour constituer un droit. L'école lui échappe. Dès que son enfant en a franchi le seuil, il n'a plus d'autorité sur lui; il appartient à l'Etat et à l'Etat tout seul. Doumergue, dans le projet de loi qu'il préparait, suivait la logique des choses. Nous le verrons aboutir. Et ce ne sera pas le dernier. Aussi longtemps que nous nous obstinerons à conserver les principes, il nous faudra subir les conséquences. L'exclusion de la famille est un principe essentiel à l'organisation scolaire actuelle. Or il est impossible de s'en accommoder.

Les droits de la famille sur l'école lui viennent du Créateur. Aucune loi humaine ne peut les supprimer. Pour devenir effectifs, ils ont besoin de se réaliser dans une institution. Qui donc pourra l'établir? L'Etat s'y refuse, et pour cause. Les pères de famille catholiques s'en chargent. Il convient de les féliciter. Cette initiative leur fait grand honneur. Mais il faut la pousser jusqu'au bout et exiger du législateur sa reconnaissance.

Il devrait y avoir autour de chaque école primaire un conseil d'administration et de surveillance, choisi par les parents dont les enfants la fréquentent. Ce serait aussi nécessaire à la ville qu'à la campagne. On objectera que le Conseil Municipal en tient lieu. C'est inexact. Le Conseil Municipal n'est pas le délégué des familles à cet effet. Il suffit, pour s'en convaincre, de voir la manière dont il se recrute. Qu'on le laisse à ses fonctions. Je ne veux pas dire que l'enseignement primaire ne doit pas l'intéresser; mais l'intérêt qu'il lui porte n'est pas celui des pères et des mères.

Chaque école a besoin de ce Conseil. On arriverait par ce moyen à régler en paix la liberté d'enseignement. Elle fonctionnerait d'elle-même et sans effort sous la seule impulsion des nécessités. Les parents arriveraient à se grouper d'après leurs idées sur l'éducation.

Dans une ville ou une région qui compte des familles juives, protestantes ou libres-penseuses, on les verrait provoquer la création d'écoles destinées à leurs enfants. Elles laisseraient, par le fait, les

Catholiques élever les leurs, suivant les exigences de leur foi religieuse. Les politiciens manqueraient du prétexte qui leur a permis de faire accepter le mal de la neutralité scolaire. Ils répétaient sur tous les tons que cette neutralité s'imposait, du moment où les écoles étaient fréquentées par des enfants dont les familles n'avaient pas en religion les mêmes idées.

Que l'Etat laisse donc ces familles s'arranger entre elles. La difficulté se résoudra bien vite. Il n'aura qu'à répartir avec équité les subsides dus aux établissements d'instruction publique. S'il veut, au contraire, sortir de cette réserve, c'en est assez pour multiplier les embarras et aboutir enfin à une tyrannie odieuse.

Que les juifs, que les protestants, que les libres-penseurs aient leurs écoles, où leurs enfants recevront l'éducation qui leur convient, cela est fort acceptable. Le budget sera soulagé d'autant. Les Catholiques ne seront pas condamnés à subir leurs programmes et leurs instituteurs. Chacun sera maître dans son école. Nous en finirons avec la plaie de la neutralité scolaire. L'éducation sera ce qu'elle doit être, confessionnelle, ou, pour parler plus clairement, religieuse. L'existence légale de ces Conseils des familles est nécessaire pour obtenir ce résultat désirable.

Ces Conseils ne devraient pas être tout. On ne peut leur permettre d'empiéter sur les fonctions du maître ou du curé. Car le curé a une fonction à remplir auprès de l'école.

Les responsabilités du maître sont très étendues. C'est lui qui a la charge d'enseigner. Il n'est soumis qu'au contrôle de ses chefs hiérarchiques. Voilà autant d'attributions qu'il importe de respecter.

Les Conseils scolaires deviendraient des agents de trouble s'ils sortaient des leurs. Or, ces attributions correspondent exactement à celles des familles. Les familles ont à choisir l'enseignement qu'elles jugent convenir aux enfants. Il leur suffit pour cela de désigner le maître auquel ils seront confiés. Leur choix est limité, cela va sans dire, aux hommes qui peuvent faire les preuves de leur capacité professionnelle. En d'autres termes, la nomination des instituteurs devrait appartenir au Conseil de l'école où ils auront à enseigner. Le maître une fois nommé possède sa fonction. On ne peut la lui enlever que s'il démérite. Ces mêmes Conseils verront s'ils doivent abandonner la direction d'une école à une congrégation religieuse enseignante. L'intervention de l'Etat est ici inutile et odieuse. Ses agents n'ont qu'à se tenir tranquilles.

Les attributions de ces Conseils vont plus loin encore. L'école primaire devrait avoir la personnalité civile, de manière à posséder ce qu'il plairait à ses fondateurs ou à d'autres bienfaiteurs de lui attribuer. Le Conseil serait l'administrateur de ses biens. Les maîtres seraient rétribués par lui. Il pourvoirait aux multiples dépenses scolaires. Sur sa demande, la commune ou l'Etat interviendrait pour suppléer à l'insuffisance de son budget, toutes les fois qu'il y aurait lieu de le faire. Grâce à cette liberté complète, nos écoles se constitueraient assez vite un capital qui assurerait leur avenir et rendrait les améliorations possibles.

Les membres du Conseil académique, qui auront la directio . générale de l'enseignement primaire dans le ressort d'une Université, auraient à prendre l'avis des Conseils scolaires. Ceux-ci exprimeraient tout naturellement les besoins de leur contrée. L'enseignement s'adapterait ainsi peu à peu aux exigences d'une région et de la plupart des localités. Il prendrait les caractères d'un enseignement professionnel.

Je prie le lecteur de constater la multiplicité et la force des liens qui unissent nos simples revendications religieuses au sort de nos institutions politiques. Tout se tient dans la vie des peuples. Il est impossible d'isoler les intérêts et les libertés.

Cette condition est gênante pour quiconque est pris de vertige au seul mot de politique. Qu'y faire? Les choses sont ainsi. Nous ne ferons triompher nos revendications, même religieuses, que par une politique. Ceux qui ne veulent pas en convenir seront amenés par les nécessités impérieuses à ouvrir les yeux devant cette évidence. Elle est manifeste.

IX

Le corps enseignant.

L'enseignement ne peut être confié aux premiers
venus. La licence donnée aux maîtres exposerait les
élèves aux plus graves préjudices. On ne peut donc
parler de liberté d'enseignement sans dire en quoi
elle consiste. Il s'agit, en effet, d'une liberté organi-
sée. Les organes dans lesquels on canalise son exercice ne doivent fonctionner que pour l'avantage des
enfants. Les bénéfices de l'enseignement et de sa
liberté sont pour eux. Il importe de ne point le perdre de vue. Les instituteurs et les professeurs, quelles que soient leur école ou leur faculté, ne peuvent
qu'être les serviteurs de leurs élèves. C'est dans l'ordre.

L'enseignement suppose chez qui le donne des
aptitudes professionnelles. Les unes sont innées et
confèrent à celui qui les possède une vocation. Cette
disposition se manifeste de bonne heure par des
goûts particuliers. Les autres s'acquièrent par un
travail personnel. Il faut pour cela se mettre à l'école
d'hommes qui les possèdent déjà et qui sont aptes
à les communiquer. On les trouve dans les institutions qui ont fait leurs preuves. Telles sont les
écoles normales et les écoles, où les ordres religieux

voués à l'enseignement donnent à leurs membres une formation pédagogique. Les maîtres y unissent l'expérience au savoir. Ils suivent une méthode. Leurs disciples ont tous les moyens de s'approprier les résultats obtenus, à force de patience, par ceux qui les ont devancés. Ils entrent ainsi peu à peu dans une tradition.

La formation qu'ils reçoivent est longue. Le contrôle des directeurs permet de mesurer leurs progrès. On se rend compte de leurs aptitudes. Ils subissent toute une série d'épreuves. Quand elles sont terminées et couronnées de succès, un jugement officiel les consacre. Ils entrent, dès lors, dans les cadres du personnel enseignant.

Cette formation pédagogique est d'une nécessité telle que, dans tous les pays civilisés, on se préoccupe de la donner.

La France possède, à cet effet, des institutions qui seraient à conserver. Ce sont, en particulier, les écoles normales. Il suffirait, pour les rendre acceptables, de les dépouiller de leur caractère officiel et des privilèges qui en sont la conséquence. Les ordres religieux voués à l'enseignement ont pour leurs sujets des écoles de ce genre. Les examens, par lesquels se termine le travail de la formation pédagogique, doivent être conservés. Ils sont passés devant un jury recruté parmi une élite du personnel enseignant. Les épreuves varient, cela va sans dire, avec le degré de l'enseignement et les facultés.

Il n'y aurait donc pas lieu de se livrer aux hasards d'une révolution. Il suffirait de mettre dans ce qui existe un peu d'ordre.

Mais cet ordre ne serait possible qu'à une condition, écarter, dès le début, des fonctions de l'enseignement tous ceux qui se sont faits les agents du désordre. On s'apercevrait qu'ils ne sont pas nombreux. Quelques hommes, juifs, protestants ou francs-maçons, placés en bon lieu, ont pu tourner contre la patrie et la religion toutes les forces ,de l'enseignement public. On les connaît. Les méfaits dont ils se sont rendus coupables suffisent pour les marquer d'une tare indélébile. Ils ne méritent plus la confiance sans laquelle un maître ne peut faire face à ses obligations. Ce sont des malfaiteurs.

Les écoles normales préparent les maîtres. Leur fréquentation ne saurait être obligatoire. Il n'en va pas de même des examens de capacité professionnelle. Nul n'est admis à enseigner, s'il ne les a d'abord subis. Mais le succès qui confère la possibilité d'occuper une chaire dans une école ne donne pas un titre. Les membres du Jury constatent que la formation pédagogique est finie. Leur rôle ne va pas plus loin. Les directeurs de l'enseignement s'occupent alors du candidat; ils veillent sur ses intérêts professionnels; ils le présentent même aux postes vacants. Mais il ne leur appartient pas de le pourvoir d'un titre. Ce serait une immixtion dans l'administration d'une école.

Les établissements scolaires recrutent eux-mêmes leur personnel enseignant, parmi ceux qui ont donné les preuves de leurs aptitudes pédagogiques. Dans la plupart des écoles primaires, ce choix est fait par le Conseil d'administration, dont les délégués des familles font partie. On pourra procéder ailleurs d'une autre façon; car il est indispensable de ne point suivre une règle uniforme. Chaque maison ou chaque catégorie d'établissements peut donc avoir son statut propre. Le contrôle exercé par le corps enseignant de la région, et celui qui appartient forcément aux familles, empêchent toute liberté de dégénérer en anarchie. Les nécessités maintiennent, sans effort, l'équilibre.

Nos étatistes n'admettent pas ce procédé, pourtant bien simple. Ils ne croient qu'à l'administration. C'est une erreur. L'Etat traîne avec lui le trouble et la tyrannie, quand il se mêle de ce qui ne le regarde point. Qu'il laisse les intéressés s'arranger entre eux. C'en est assez pour rétablir l'ordre et assurer la marche possible des Institutions. Elles fonctionnent alors pour le bien de tous.

Les familles ont deux manières de concourir au choix des maîtres. Dans les écoles publiques, placées sous la surveillance d'un conseil dont les membres sont élus par les parents, le choix est remis à ces derniers. Ailleurs les familles n'interviennent d'aucune façon. Les directeurs des établissements recrutent leur personnel. Mais les parents ne sont pas frustrés de leurs droits, puisqu'ils ont la liberté de placer leurs enfants dans l'école qui leur convient le mieux.

Il ne faudrait pas cependant exagérer les droits des parents. Les enfants, qu'ils représentent, sont les principaux intéressés. Mais, ils ne sont pas les seuls. Les maîtres ont aussi des intérêts à défendre, et, par conséquent, des droits. On ne peut les négliger. Il n'y a qu'à leur donner les moyens de les faire valoir. Dans la pratique, leurs droits s'accorderont avec ceux des familles. L'harmonie, que l'intelligence des intérêts ne manque jamais d'établir, est une condition nécessaire du succès de l'enseignement public.

Je ne dis rien aujourd'hui de la part qui revient aux maîtres dans la direction de l'enseignement proprement dit, dans l'élaboration des programmes, dans l'organisation des examens, etc. Ce sont eux qui ont le plus à dire et le plus à faire. Je ne parle que de leurs intérêts. Ces hommes se consacrent tout entiers à l'éducation. Ils en font leur carrière. Ils ont droit à en vivre. Leur travail doit être rémunéré de telle sorte qu'ils aient la possibilité de fonder un foyer et d'assurer son existence. La fonction qu'ils remplissent est honorable. Elle doit être honorée. La première chose à faire pour cela est de leur en assurer les moyens. Ce n'est pas tout. Le milieu social dans lequel sa fonction place l'éducateur est élevé. Il est juste de le traiter en conséquence.

Les conditions matérielles et morales faites aux maîtres ne peuvent être stipulées à l'avance par un règlement administratif, qui oblige dans la France entière. Il faut laisser aux initiatives privées un champ très libre et assurer aux instituteurs et aux professeurs la somme d'avantages auxquels ils peuvent prétendre. Les parents, de leur côté, auront moyen de se protéger contre des exigences déraisonnables.

On obtient ce résultat par le retour intelligent au droit corporatif. La profession crée des liens entre ceux qui vivent de l'enseignement. L'union, que ces liens opèrent, doit avoir son expression dans l'ordre social. L'ordre politique vient, à son tour, donner leurs garanties aux droits de ceux qu'il régit. Les maîtres ainsi groupés constituent dans la nation une vaste association professionnelle, ou plutôt toute une série d'associations professionnelles. Car il importe ici de décentraliser et de subdiviser. L'ordre et la liberté sont à ce prix. On retomberait, sans cela, dans tous les abus de l'Etatisme. Cette vaste association serait un Etat dans l'Etat, et cet Etat deviendrait vite un tyran tout aussi oppresseur que l'autre. Il y a donc grand avantage à multiplier ces associations suivant les besoins. Rien n'est plus facile que de les grouper ensuite par région et par Faculté. Les Universités régionales se formeraient ainsi d'elles-mêmes.

Une question se pose. Je me borne à la signaler, sans me préoccuper de la résoudre. L'expérience s'en chargera, quand le moment sera venu. Faut-il introduire dans cette organisation du corps enseignant les membres du Clergé séculier et des Ordres religieux? Et quelle place leur donner? On ne pourrait les admettre à enseigner sans qu'ils aient donné des preuves de leur capacité professionnelle. Cela fait, ils n'auront aucune peine à s'organiser d'après la coutume. Les institutions d'Eglise et les institutions d'enseignement ne sont pas incompatibles. On trouvera moyen de manifester leur accord.

X

L'Université de France,

ll y a dans l'Université un certain nombre de professeurs, dignes d'un grand respect. Plusieurs membres de l'enseignement supérieur, en particulier, honorent le pays par la sûreté de leur méthode et par l'importance de leurs travaux scientifiques. Grâce à eux, la science française peut avantageusement supporter une comparaison avec la science anglaise ou la science allemande. On rencontre, parmi ces hommes distingués, quelques chrétiens pratiquants. D'autres semblent étrangers à notre foi religieuse; mais leur probité scientifique et littéraire permet de les traiter en amis. Ils ont su parler des grandeurs de l'Eglise et des services rendus par elle à la France et à la civilisation en termes tels qu'on les prendrait pour des catholiques. Les méfaits de leurs collègues ne doivent nous faire oublier ni ce qu'ils sont, ni ce qu'ils font.

Des professeurs de lycée ou de collège méritent la confiance et l'estime de leurs élèves et des familles. Ce sont des fonctionnaires dévoués et des maîtres instruits. Ils dominent les préjugés antichrétiens qui règnent dans leur entourage. Ces hommes de bien sont plus nombreux qu'on ne se le figure. On en rencontre moins dans l'enseignement primaire. Il y en a cependant.

Ces maîtres valent mieux que l'Institution dont ils sont les agents. Ils appartiennent à l'Université; ils la servent; mais ils ne la font pas. Elle est régie par une volonté supérieure. C'est elle qui les emploie. Elle leur impose la tâche qui lui plaît. Mais leurs personnes ne se confondent pas avec cette Institution. On peut faire de celle-ci une critique sévère, sans rien dire qui les atteigne.

Comme toute institution, l'Université doit être jugée d'après ce qu'elle est et ce qu'elle fait, et non d'après les instruments dont elle se sert. Pour bien la connaître, il faut d'abord rechercher ses origines et suivre ses développements.

La France possédait, sous l'ancien régime, de nombreuses Universités autonomes. De riches dotations les dispensaient de recourir au budget public. Elle était pourvue abondamment de collèges et d'écoles. Ces maisons ne coûtaient rien à l'Etat. Les familles avaient à leur portée tous les moyens de faire instruire leurs enfants. C'était le résultat de longues années de travail et de patience. Sans tenir compte des services rendus dans le passé ni des nécessités présentes, les hommes de la Révolution ruinèrent les Universités, les collèges et les écoles, en confisquant leurs propriétés. L'instruction publique se trouva complètement désorganisée. On parle de l'œuvre scolaire de la Révolution. Il y eut, en effet, des discours prononcés et des lois promulguées. Ce fut à peu près tout. Cette œuvre scolaire ne sortit pas du médiocre. Il fallut attendre Napoléon Ier pour doter la France d'un enseignement public.

Napoléon eut tout à refaire. Il procéda suivant les impulsions de son génie. Là, comme dans l'ensemble de son œuvre politique, militaire et administrative, ce génie correspondait aux exigences de la situation. Il utilisa les hommes du passé, leur méthode d'enseignement et jusqu'aux établissements scolaires. Les programmes, malgré des modifications et des additions inévitables, restèrent sensiblement les mêmes. Cependant rien ne ressemblait moins à l'organisation traditionnelle de l'enseignement que l'œuvre napoléonienne. Bonaparte construisit avec des matériaux anciens un édifice nouveau et original. Il en fit l'Université, avec un U majuscule. Son Université est une branche de l'administration publique. L'Etat nomme les maîtres, fixe les programmes, trace la discipline. L'Université, c'est l'enseignement par l'Etat, c'est l'Etat maître d'école.

Napoléon dut refaire la France au galop. La Révolution avait tout désagrégé. Les citoyens, privés des groupements dans lesquels ils entraient, ne formaient qu'une poussière. L'Etat tout-puissant la saisit pour en former autour de lui et par lui un bloc inorganique. L'administration s'en empara. Le réseau de ses bureaux et de ses fonctionnaires avait pour effet de les tenir. Cette administration partait de la tête souveraine pour y revenir avec la poussière humaine, devenue une sorte de béton politique. Ce fut le triomphe de l'Etatisme.

Voyez le rôle de l'Université dans le travail nécessaire pour confectionner ce Peuple monstre. L'Etat
est représenté d'abord par le Grand Maître de l'Université; ce sera bientôt le ministre de l'Instruction
Publique. Sous ses ordres, trois grands mandarins
sont préposés à la direction de l'enseignement supérieur, de l'enseignement secondaire, de l'enseignement primaire. Une armée de mandarins subalternes
les assiste. Telle est l'officine d'où sortent les idées
et les sentiments, que les maîtres devront inoculer
aux enfants et aux jeunes gens de la France entière.

Les maîtres sont astreints à suivre les programmes
élaborés par le haut mandarinat. Le budget, dont
ils vivent, donne à cette nécessité sa sanction. Ces
programmes sont des véhicules de sentiments et de
pensées. Napoléon surveillait les opérations de l'officine. Aujourd'hui l'officine fonctionne au gré du
tyran anonyme et irresponsable qu'est une majorité parlementaire.

L'Université n'a pas fait, durant le dix-neuvième
siècle, tout le mal que l'on pouvait craindre. Nous
le devons à la réaction religieuse qui lui a imposé
une sage réserve. Son fondateur comprenait la nécessité du Catholicisme. Il donna un caractère religieux
à son œuvre. Les prêtres furent admis à occuper
des chaires dans les facultés et les collèges. Ces derniers établissements eurent leurs aumôniers. L'enseignement du catéchisme fut obligatoire. Ce caractère religieux ne se trouva nulle part aussi respecté
que dans les écoles primaires. On les confia volon-

tiers dans la suite aux Congrégations de frères et de sœurs. Malgré ces concessions, faites très sincèrement, l'Eglise ne fut jamais chez elle dans les établissements ouverts à ses prêtres et à ses religieux. L'Université employait ses ministres pour faire son œuvre à elle. Voilà tout.

Lorsque la liberté d'enseignement fut votée, l'Eglise put ouvrir des écoles et des collèges, en attendant la fondation de ses facultés. Ces établissements lui appartiennent; elle choisit les maîtres. Cependant nous ne pouvons pas dire qu'elle y soit pleinement chez elle. L'Université n'a pas renoncé à ses droits. C'est elle, l'Université, qui impose les programmes et qui fait subir les examens. Les diplômes qu'elle délivre sont la clef qui ouvre l'accès aux carrières. Or, que font les hommes d'Eglise dans les collèges? Ils élèvent des chrétiens, c'est vrai; mais ils les préparent aux carrières.

La réaction religieuse a perdu de sa force. La République a cessé de la craindre. L'expérience de ces dernières années semble lui donner raison. Le Parlement a voté la loi sur les Associations et la loi de Séparation de l'Eglise et de l'Etat. Ç'a été chose facile. Les radicaux furent eux-mêmes surpris de cette victoire. Ils peuvent s'en donner tout à leur aise. La suppression de la liberté d'enseignement sera votée haut la patte, dirait Huysmans.

La République ne se presse pas. Elle recule, observent les optimistes. Non; elle n'a point peur. Son œuvre se développe logiquement, d'elle-même. Les ministères se succèdent. L'œuvre continue. Aucune crise ne l'arrête. La République se prépare.

Supprimer la liberté d'enseignement n'est, à ses yeux, qu'une étape. Elle veut adapter toute la machine universitaire à l'exécution de son plan, qui est la déchristianisation de la France. Les ménagements sont désormais inutiles. Il faut pour cette tâche des hommes prêts à tout. Des huguenots de marque y travaillent depuis longtemps. Buisson en est un. C'est le plus dangereux peut-être. On voit les chaires de nos facultés de lettres et de sciences occupées trop souvent par des professeurs dont le nom n'a rien de français. Ils sont d'origine suisse ou allemande. Ils appartiennent à la nation juive ou au protestantisme. Ce ne sont pas les premiers venus. Mais leur science est dominée par une doctrine antichrétienne, antifrançaise. C'est pis que l'athéisme. On y trouve agglomérées en système toutes les erreurs qui inspirent la politique de nos ennemis. Cette doctrine est assaisonnée d'une haine froide et gluante. Et ces hommes ont la mission de former les professeurs de demain. De ces professeurs, tous nos départements en possèdent déjà. Dans quelques années, ils seront légion. Il n'y a rien à dire des instituteurs. On les connaît. Le gouvernement aura tôt fait d'épurer le personnel de ses facultés et de ses lycées. Les professeurs rebelles seront traités comme les magistrats le furent, il y a trente ans.

XI

Les Universités provinciales.

Les services publics, en France, sont aux mains de fonctionnaires généralement honnêtes; ils valent dans tous les cas ceux des autres pays. L'organisation de ces services est assez sage. Et cependant, on se plaint de toutes parts de la manière dont ils fonctionnent. D'où cela vient-il? Si les fonctionnaires étaient seuls avec les traditions administratives et leur bon sens naturel, les choses iraient mieux. Les progrès nécessaires se réaliseraient sans grand effort. Le public bien servi témoignerait sa satisfaction. Mais les fonctionnaires ne sont pas seuls. On voit parmi leurs chefs des hommes du métier. Il y a aussi des étrangers; et ce sont les plus influents. Le Parlementarisme verse là une partie de sa clientèle, quelques-uns de ses favoris ou de ses victimes. Ces incompétents revendiquent les postes de faveur. Ils encombrent les services, dont la marche s'effectue avec peine et en désordre.

Ces résidus envahissent le ministère de l'Instruction Publique, comme les autres branches de l'administration. Les professionnels de l'Enseignement ne sont pas néanmoins tenus à l'écart. Leur présence à certains postes est nécessaire. Il ne s'agit pas seulement des chaires de maîtres d'école ou de professeurs. Le travail de bureau dans les académies et au ministère exige souvent des hommes du métier. On les choisit mal à propos, j'en conviens; mais ils sortent de la profession; c'est déjà quelque chose. Le mal ne vient pas d'eux; s'ils y coopèrent, ils n'en prennent ni l'initiative ni la direction. Les responsabilités pèsent sur d'autres têtes.

Il y a trop de politiciens mêlés à leur besogne et placés à leur tête. Ce sont eux qui provoquent les troubles, en détournant l'Enseignement et son personnel de son but véritable. L'Instruction publique n'est à leurs yeux qu'un moyen de gouverner. L'Enseignement ouvre l'esprit du futur citoyen aux idées que cultive la majorité parlementaire, et le maitre le prédispose à subir les influences de cette même majorité. L'école fait l'éducation du dauphin. Quel dauphin postule la Démocratie!

Le politicien, fruit de la Démocratie et du Parlementarisme, communique son esprit aux professeurs. Il inspire les programmes et les méthodes. L'éducation et l'instruction reçoivent de lui leur orientation. Son influence s'exerce à rebours des besoins des élèves et des espérances de leurs familles. N'importe; c'est elle qui prédomine. On lui sacrifie l'expérience des maîtres et les traditions des écoles. Si quelqu'un cherche à lui résister, il lui faudra céder ou disparaître.

Avec cette intervention de la politique, le personnel enseignant se désagrège. Il perd l'esprit de sa fonction. La fonction, néanmoins, garde ses droits, qui s'imposent par les nécessités du métier. Ces nécessités répugnent à la politique. De là, naissent les troubles qui inquiètent les familles et les maîtres eux-mêmes. Comment y remédier? Ceux qui en discernent la cause manquent des moyens d'appliquer le remède. Ceux qui auraient quelque pouvoir ont tous les aveuglements de l'incompétence. Ce sont les créatures de la politique électorale. Or, cette politique ne produit généralement que des incapables. La présence de ces incapables et de ces incompétents, voilà le grand mal dont souffre chez nous l'Instruction publique.

Il faut à tout prix les écarter. Ce sont des tyrans et des malfaiteurs. Malfaiteurs, parce qu'ils font une œuvre mauvaise, en détournant l'enseignement de sa fin; tyrans, parce qu'ils usent de la toute-puissance gouvernementale pour imposer leurs personnes, leurs manières de voir et leurs créatures. C'est par eux que le Gouvernement envahit l'école et transforme le maître en esclave. Sa liberté et sa dignité disparaissent devant l'auguste pensée et la non moins auguste volonté de l'Etat. Dans l'exercice de sa fonction, il est réduit au rôle d'une machine, qui pense et qui parle. Quelques-uns trouvent moyen de conserver leur dignité; il leur faut pour cela une prudence et une fermeté extrêmes. Cela dépasse la mesure des courages ordinaires.

Les maitres se plaignent de la confusion qui règne partout. Les mérites professionnels sont ignorés. La hiérarchie des fonctions n'est pas observée. Les pieds commandent à la tête. Certains maîtres d'écoles communales détiennent de grosses influences. Cela s'explique en démocratie: ils agissent sur la masse des électeurs. La puissance électorale leur tient lieu de tout le reste. Le public ignore les désordres qui en résultent. Les professeurs et les instituteurs qui gardent l'honneur du métier, et il y en a beaucoup, les constatent; ce n'est pas toujours en silence. L'opinion finira par être saisie de leurs plaintes. Ce sera une condamnation définitive du système.

Si, du moins, les intéressés voyaient la cause du mal!... L'instruction publique n'entre point dans les attributions de l'Etat. Il ne peut se transformer en maître d'école. Il le fait depuis plus d'un siècle. Le pays devrait en avoir assez. Qu'on sépare l'Enseignement et l'Etat. L'acte de séparation sera consommé le jour où on supprimera, pour de bon, le ministère de l'Instruction Publique. C'est l'antre où se tiennent embusqués les politiciens, prêts à envahir tous les services de l'Enseignement. Les maîtres, débarrassés de leurs tyrans, vaqueront en paix à leur fonction.

Le ministère de l'Instruction Publique répond cependant à un besoin. Il dirige et il unifie. Mais que d'abus se glissent sous le couvert de sa direction! On les éviterait en remettant à d'autres Institutions les soins dont il se charge.

L'Instruction Publique est affaire d'administration, non de gouvernement. Il appartient à certaines Institutions nationales de l'organiser et de la diriger, plutôt qu'à l'Etat. Or, dès qu'il s'agit des administrations du pays, il faut, pour les comprendre, décentraliser. Sans quoi, l'Etat se substitue aux citoyens intéressés; et il tend à être tout. Les intéressés, pour entrer en rapports les uns avec les autres et coopérer à une œuvre commune, demandent à être réunis sur un territoire dont les limites ne soient pas trop grandes. Nous avons une distribution historique de la France en province, qui se prête assez bien à cette nécessité. Or, il se trouve que les villes capitales de quelques-unes des plus importantes possèdent déjà une Université. De toute la contrée on y vient recevoir l'enseignement supérieur. Cette Institution exerce une certaine autorité sur les maisons et sur le personnel de l'enseignement secondaire. Il y aurait tout avantage à mettre sous sa haute direction les écoles primaires.

Le ministère de l'Instruction publique est envahissant. Il empiète sans cesse sur les attributions des Universités. On a semblé, par une loi d'apparence libérale, les doter d'une autonomie très désirée. Mais elles ne jouissent d'aucune indépendance. La bureaucratie leur ravit ce que la loi leur accorde. Faites sauter l'usine où fonctionne l'outillage de la centralisation, les Universités deviennent sur-le-champ autonomes. L'enseignement supérieur, secondaire et primaire s'organise autour d'elles. Les accès en sont interdits à la politique électorale et à ses artisans. Les Français trouvent moyen de ne plus se vexer les uns les autres. Leurs droits ont une garantie.

Cette nouvelle organisation de l'Instruction publique ne se ferait pas du jour au lendemain. Il faudrait du temps. Les intéressés devraient y concourir, en se contentant chacun du rôle qui lui incombe. Leur réunion autour des Universités ne souffrirait aucun embarras. Les délégués des professeurs et des familles formeraient un conseil dont feraient partie les représentants des évêques et du gouverneur ou préfet. Ce conseil aurait sa place marquée dans les assemblées provinciales. Il y aurait auprès du Souverain un conseil supérieur, émanant des conseils de chaque Université. Ce serait près de lui et dans les assemblées nationales la Chambre chargée de représenter les intérêts de l'Enseignement public. Cette Chambre servirait de trait d'union entre les Universités provinciales.

Plan chimérique, parce qu'irréalisable, diront les partisans de l'Etat-maître d'école. Il n'est pas si chimérique. Sa réalisation présenterait moins de difficulté que l'accord de la liberté et de l'enseignement par l'Etat.

TABLE DES MATIÈRES

IMPRIMÉ PAR DESCLÉE, DE BROUWER ET Cⁱᵉ
41, RUE DU METZ, LILLE. — 9.611.